BEI GRIN MACHT SICH IHR
WISSEN BEZAHLT

Frank Findeiß

Zu 'Die Wirkungen des Unbewussten auf das Bewusstsein' von C. G. Jung

Entnommen aus: C. G. Jung: "Die Beziehungen zwischen dem Ich und dem Unbewussten"

GRIN Verlag

Bibliografische Information der Deutschen Nationalbibliothek:

Die Deutsche Bibliothek verzeichnet diese Publikation in der Deutschen National-
bibliografie; detaillierte bibliografische Daten sind im Internet über http://dnb.d-
nb.de/ abrufbar.

Impressum:

Copyright © 1997 GRIN Verlag GmbH
Druck und Bindung: Books on Demand GmbH, Norderstedt Germany
ISBN: 978-3-638-94204-1

Dieses Buch bei GRIN:

http://www.grin.com/de/e-book/23089/zu-die-wirkungen-des-unbewussten-auf-
das-bewusstsein-von-c-g-jung

Rheinische Friedrich-Wilhelms-Universität

Bonn

Schriftlich formuliertes Referat

zur

Übung für Fortgeschrittene:

„Kulturanthropologie: Beiträge zur Psychoanalyse"

Thema:

„Die Wirkungen des Unbewussten auf das Bewusstsein"

aus:

C. G. Jung: „Die Beziehungen zwischen dem Ich und dem Unbewussten"

vorgelegt von

Frank Findeiß

Inhaltsverzeichnis:

I. Einleitung

Die folgenden Ausführungen konzentrieren sich auf den ersten Teil des Jungschen Werkes „Die Beziehungen zwischen dem Ich und dem Unbewussten", welcher mit „Die Wirkungen des Unbewussten auf das Bewusstsein" betitelt und noch einmal in vier Kapitel aufgeteilt ist. Meiner Meinung nach wird darin die gesamte Bandbreite der wichtigsten Begriffe der Jungschen Psychologie erläutert. Deren Funktion innerhalb des ganzen Systems der Psyche, unter der Jung

„die Gesamtheit aller psychischen Vorgänge, der bewussten sowohl wie der unbewussten"[1]

versteht, ist für den Unkundigen auf diesem Gebiet auf den ersten Blick nicht so leicht verständlich, wie das Freudsche „System"; dies mag darauf zurückzuführen sein, dass die Begriffe sehr eng miteinander verwoben und zugleich voneinander differenziert sind, so paradox das auch klingen mag, womit jedoch der Hauptcharakter der Begriffe erfasst ist, der sich darin zeigt, dass sie sich meist in Paaren „ambivalent-komplementär" zueinander verhalten. Eines der hierbei wichtigsten zu erläuternden Begriffspaare stellt das des „Bewusstseins – Unbewussten" dar. Zwischen diesen beiden „Sphären" steht das Ich mit schwerpunktmäßiger Beziehung zum Bewusstsein, aber mit der Fähigkeit, die Inhalte aus dem Unbewussten bewusst zu machen. Das Bewusstsein spaltet sich nach Jung in ein individuelles und kollektives und das Unbewusste in ein persönliches und kollektives auf – doch dazu später genaueres.

Der Begriff des Unbewussten ist bereits sehr früh wissenschaftlich behandelt worden. Carl Gustav Carus, ein Naturphilosoph, gilt als Begründer der Psychologie vom Unbewussten durch seine Arbeit über die „Psyche" (1846) und vor Freud befasste sich desweiteren auch schon Eduard von Hartmann in seiner Arbeit „Philosophie des Unbewussten" (1869) mit diesem Thema. Der Unterschied zwischen Jung und Freud in Bezug auf Charakterisierung des Unbewussten liegt darin, dass Freud das Unbewusste lediglich als Sammelort für vergessene und verdrängte persönliche Inhalte sah, während Jung ihm auch eine eigene (psychische) Aktivität zusprach,

„die von der persönlichen Erfahrung abweichend und auch objektiver als diese sei, da sie sich direkt auf die phylogenetische und instinktive Basis der menschlichen Rasse bezieht"[2].

Andererseits sprach er Freud die schon ansatzweise entdeckte archaisch-mythologische Denkweise des Unbewussten zu, die er (Jung) dann ausführlicher durch das Archetypen-Konzept darstellte.

---

[1] Jacobi, Jolande: *Die Psychologie von C. G. Jung*; Fischer Taschenbuchverlag; Frankfurt/M.; 1978; S. 17
[2] Samuels, Andrew: *Wörterbuch Jungscher Psychologie*; DTV; April 1991; S. 229

Ein weiterer Punkt, der mir zum Verständnis der folgenden Schilderungen noch wichtig erscheint, ist das Entstehungsjahr dieser Arbeit, die aus dem Jahre 1928 datiert. *„Sein eigentliches Werk hat Jung erst in der zweiten Hälfte seines Lebens geschaffen"*[3] heißt es in Metzlers Philosophenlexikon zu Jung (1875-1961). Dies ist insoweit interessant, da Jung der zweiten Hälfte des Lebens – in der er sich selber befand, als er dieses Werk verfasste – die Beschäftigung bzw. die Konfrontation des Ich mit dem Selbst zuschreibt. Das Selbst bezeichnet er als den eigentlichen Mittelpunkt zwischen Bewusstsein und Unbewusstem, welche beiden es zugleich – und damit auch das Ich, das ausschließlich das Bewusstseinszentrum darstellt – umschließt. Diese Beschäftigung mit dem Selbst, die bei Jung vermutlich aus einer persönlichen Krise in den Jahren 1913-1918 resultiert, setzt einen Prozess der Individuation, der Selbstwerdung des Menschen zu einer Ganzheit in Gang. Er nennt drei Eigenschaften, die für eine Individuation von Nöten sind:

1. *Das Ziel des Prozesses ist die Entwicklung der Persönlichkeit;*
2. *der Prozess setzt kollektive Beziehungen voraus und umfasst diese, das heißt er findet nicht in der Isolation statt; und*
3. *die Individuation befindet sich stets mehr oder weniger im Gegensatz zur Kollektivnorm, die keine absolute Gültigkeit besitzt: „Je stärker die kollektive Normierung des Menschen, desto größer ist seine individuelle Immoralität"*[4]*.*

Jungs Werk beschäftigt sich zum einen mit der Erklärung der einzelnen Stationen, die den Prozess der Individuation zur Vollendung bringen, aber auch mit den daraus resultierenden pathologischen Folgen, die diesen Prozess hemmen können.

Jedenfalls kann man davon ausgehen, dass mit diesem Werk ein umfassendes, auf eigenen Erfahrungen ruhendes abgeschlossenes „System" Jungs vorliegt.

---

[3] Lutz, Bernd (Hrsg.): *Metzler Philosophen-Lexikon*; Verlag J. B. Metzler; Stuttgart/ Weimar; 2. Auflage 1995, S. 436
[4] Samuels, Andrew: *Wörterbuch Jungscher Psychologie*; a. a. O.; S. 107

II.   Erstes Kapitel: „Das persönliche und das kollektive Unbewusste"

Bereits in der Vorrede zur zweiten Auflage betont Jung seine „Idee von der Selbständigkeit des Unbewussten" und versucht, diese durch eine Erklärung der Reaktionserscheinungen der bewussten Persönlichkeit auf die Einwirkungen des Unbewussten zu beweisen.

Er nimmt im ersten Kapitel seinen Ausgangspunkt zur Erklärung der Funktion des Unbewussten in der Weiterführung der Freudschen Theorie, die im Unbewussten den Ort verdrängter infantiler Wünsche sieht und führt fort, dass außerdem

„Vergessenes, (...), auch unterschwellig Wahrgenommenes, Gedachtes und Gefühltes aller Art"[5]

darin enthalten seien, also Inhalte, die auf persönlicher Erfahrung und Erwerbung beruhten. All dies sind unbewusste Inhalte, die das Bewusstsein nicht oder noch nicht erreicht haben und nur durch Analyse bewusst gemacht werden können. Nur das Ich sei als „Subjekt des Bewusstseins" in der Lage, sich diese Inhalte wieder bewusst zu machen. Zunächst jedoch stellen sie das persönliche Unbewusste dar.

Desweiteren erkannte Jung aber, dass bei seinen Patienten auch nach Bewusstmachung solcher Inhalte weiterhin Phantasien und Träume existierten, die auf unbewusste Tätigkeit hindeuteten. Es kam ihm daher der Gedanke, es müsse sich hier um „Über-Persönliches" handeln, auch wenn dies mit gewissem persönlichen Charakter behaftet zu sein schien.

Anhand eines Beispiels aus seiner Praxis, in dem dieses Phänomen deutlich wird, versucht er, die Entwicklung seiner Entdeckung zu erläutern:

Eine Patientin, die aufgrund eines „Vaterkomplexes" (ambivalente Beziehung zum Vater) an einer hysterischen Neurose litt, flüchtete in ein Übertragungsverhältnis zu Jung, was dadurch zustande kam, dass sie nach dem Tod ihres Vaters zunächst zwar versuchte, diesen Schmerz durch intellektuelle Betätigung (Beginn eines Philosophiestudiums) – eine in dieser Situation nach Jung natürliche Reaktion – zu kompensieren, es ihr aber gleichzeitig nicht gelang, eine dem Vater entsprechende äquivalente Beziehung zu einem anderen Mann aufzubauen. In der Regel werde ein solcher Konflikt durch Willensstärke instinktiv und unbewusst überwunden, bei einer entsprechenden „Instinktschwäche" jedoch sei eine Neurose die Folge. Dies traf bei seiner Patientin zu. Die daraufhin erfolgende Übertragungssituation während der Behandlung – die Freud bereits kannte und die er als Heilmethode schätzte – sei allerdings nur eine

---

[5] Jacobi, Jolande: *Die Psychologie von C. G. Jung*; a. a. O.; S. 19

vorübergehende Notlösung, gar Illusion, denn auch sie löse nicht den eigentlichen Konflikt („Vaterkomplex") und führe mit der Zeit zum Stillstand, so dass die Neurose bestehen bleibt.

Die Überwindung einer Übertragungssituation könne nun einen positiven oder negativen Verlauf nehmen. Entweder wieder durch einen „kräftigen Willensentschluss", der vom „gesunden Menschenverstand" mit der Intention geleitet wird, diese Situation einfach überwinden zu müssen, oder aber es gelingt nicht, wobei solche Fälle entweder hoffnungslos bleiben oder, wie in diesem Beispiel die Hoffnung bestehe, die Natur werde eine Lösung finden.

Diese Lösung mündet, um es vorwegzunehmen, in der Entdeckung des kollektiven Unbewussten.

Jung schlug seiner Patientin vor, ihre Träume zu beobachten. Im Gegensatz zu Freud, der Träume ausschließlich vom kausalen Standpunkt aus sah, was sich darin äußert, dass er jedem Traumsymbol eine feste Bedeutung zusprechen wollte, verstand Jung den Traum als ein „Naturprodukt der Psyche", welches

„nichts anderes als eine Selbstabbildung des psychischen Lebensprozesses darstellt"[6].

In diesem Sinne handelt es sich bei Jungs Auffassung über die Träume um einen finalen Standpunkt, denn die Traumbilder entsprechen immer einer vom Träumenden zu deutenden innerpsychischen Situation. Mit anderen Worten:

„Die unbewussten Inhalte sind immer vieldeutig, und ihr Sinn hängt ebenso von den Zusammenhängen ab, in welchen sie vorkommen, wie von der spezifischen Lebens- und Seelensituation des jeweiligen Träumers. Manche Träume gehen sogar über die persönliche Problematik des individuellen Träumers hinaus und sind der Ausdruck von Problemen, die in der Menschheitsgeschichte immer wiederkehren und das ganze Menschenkollektiv angehen"[7].

Dies zeigte sich im vorliegenden Fall, in dem sich sämtliche Inhalte der Träumenden subjektiv auf das Übertragungsverhältnis ihres „Vaterkomplexes" auf Jung bezogen, was sie im einzelnen durch Eigenschaften beschrieb wie: riesengroß; uralt; größer als der Vater; wie der Wind, der über die Erde streicht. In Wirklichkeit schien etwas tiefer liegendes dahinter. Der schweizer Arzt deutet dies wenig später wie folgt:

„Die Träume verzerrten sozusagen die menschliche Person des Arztes zu übermenschlichen Proportionen, zu einem riesenhaften, uralten Vater, der zugleich auch der Wind (Wind als

---

[6] Jung, Carl Gustav: *Gesammelte Werke Band VII*; Walter-Verlag; Olten und Freiburg im Breisgau; 2. Auflage 1974; S. 144
[7] Jacobi, Jolande: *Die Psychologie von C. G. Jung*; a. a. O.; S. 75

symbolische Darstellung für Gott) ist und in dessen beschützenden Armen die Träumerin wie ein Säugling ruht"[8].

Jung schien zu einem Gottesbild hochstilisiert, welches in der Funktion eines „überpersönlichen Richtpunktes" seiner Patientin scheinbar dazu verhalf, sich schließlich aus der Übertragung zu lösen. Daraus ließ sich schließen, dass Träume aus einer persönlichen Form

„ein archaisches Gottesbild (entwickeln können, Anm. d. Verf.)*, das vom bewussten Gottesbegriff unendlich verschieden ist"*[9].

Aber nicht nur Träume, sondern auch Phantasien und Visionen liefern das Material, in denen solche archaischen – nicht nur Gottesbilder, sondern auch andere – Symbole und Motive auftauchen können. Auf der Grundlage dieser Entdeckung, der im Unbewussten auftauchenden Bilder, sprach Jung in diesem Zusammenhang von Archetypen, an die sich eine breit gefächerte Archetypenlehre, die aufgrund ihrer individuellen Auslegung unbegrenzte Ausmaße hat, anschloss. Jungs Archetypenkonzept wird verglichen mit Platons Ideenlehre (eidos), Kants a priori vorhandenen Kategorien der Wahrnehmung und Schopenhauers Prototypen.

Der schweizer Psychoanalytiker entwickelte diesen Begriff in drei Etappen:

Zunächst nannte er die Archetypen „Urbilder" (1912) und vermutete, dass das kollektive Unbewusste sie fördere; 1917 sprach er von „unpersönlichen Dominanten" oder „Knotenpunkten in der Psyche". Erst 1919 taucht der Begriff „Archetyp" auf, der in erster Linie die Stellung eines vererbten Modus/ von vererbten Bahnungen einnimmt, also seit jeher im Menschen wirkt. Er wird auch als

„psychosomatisches Konzept (angesehen, Anm. d. Verf.)*, das Körper und Psyche, Instinkt und Bild miteinander verbindet"*[10].

Seine Inhalte beziehen sich hauptsächlich auf die

„elementaren und allgemeinen Erfahrungen des Lebens: Geburt, Ehe, Mutterschaft, Tod und Trennung"[11].

Jung erweiterte sogar den Archtypenbegriff, indem er dessen Funktion nicht nur auf Individuen reduzierte, sondern in einer „Stufenfolge" auch kleineren oder größeren Gruppen bzw. der ganzen Menschheit zusprach, deren Eigenschaften er veranschaulichte (in der Kollektivpsyche).

---

[8] Jung, Carl Gustav: *Gesammelte Werke Band VII*; a. a. O.; S. 147
[9] ebd.; S. 148
[10] Samuels, Andrew: *Wörterbuch Jungscher Psychologie*; a. a. O.; S. 43
[11] ebd.; S. 44

Das Archetypenkonzept ist einer der stärksten Auffassungsunterschiede zwischen Freud und Jung.

III. Zweites Kapitel: „Die Folgeerscheinungen der Assimilation des Unbewussten"

Im zweiten Kapitel, in dem die Auswirkungen beschrieben werden, die durch die Bewusstmachung der im kollektiven Unbewussten steckenden individuellen Inhalte hervorgerufen werden, werden die pathologischen Folgen angesprochen. Diese spielen sich auf zwei Ebenen ab; zum einen im Verhältnis von Individuum zur Gesellschaft und analog dazu zwischen Individual- und Kollektivpsyche.

Jung spricht im Zusammenhang mit den pathologischen Auswirkungen aufgrund von Assimilation des Unbewussten von „psychischer Inflation". Während auf der ersten Ebene das kollektive Bewusstsein (in Vertretung der Gesellschaft) einen Einfluss auf die im Individuum entstehende psychische Inflation hat und dafür sorgt, dass das Ich aus seiner sozialen Rolle entrückt wird, ist auf der zweiten Ebene das kollektive Unbewusste der Faktor, der die psychische Inflation bewirkt und zu einer Auflösung der Persönlichkeit beiträgt.

Er nennt vier Situationen, aus denen „psychische Inflation" hervorgeht.

Die erste Situation stellt die Analyse dar, aus der zwei pathologische Typen hervorgehen können, sofern sie die Kenntnisse des kollektiven Unbewussten nicht richtig in ihr Ich integrieren. Jung überschrieb beiden Typen mit den jeweiligen Charakterisierungen „Gottähnlichkeit im Handeln" und „Gottähnlichkeit im Leiden" (der Begriff Gottähnlichkeit ist der Vorläufer des Begriffes „psychische Inflation" und stammt von Alfred Adler).

Jung beschreibt beide Typen sehr ausführlich, ihr Hauptcharakterzug zeigt sich darin, dass „Gottähnlichkeit im Handeln" zum Ausdruck kommt, indem jemand aus der Kenntnis seines im kollektiven Unbewussten auftauchenden „eigenen" Unbewussten ein gesteigertes Selbstwertgefühl entwickelt; er übernimmt die Verantwortung für sein Unbewusstes, doch in Wahrheit verbirgt sich hinter diesem „Optimismus" eine tiefe Hilflosigkeit. Die „Gottähnlichkeit im Leiden" äußert sich dagegen umgekehrt darin, dass sich jemand von „seinem" Unbewussten herunterdrücken lässt; dieser übernimmt keine Verantwortung für sein Unbewusstes, doch in Wahrheit steckt hinter diesem „Pessimismus" ein trotziger Machtwille.

Die zweite Situation auf der Ebene zwischen Individuum und Gesellschaft zeigt sich im alltäglichen Leben, z. B. bei übermäßiger Identifikation eines Menschen mit seinem Titel, Amt oder seiner Tätigkeit, was nicht zuletzt eigenes Verschulden, sondern auch eine von außen mitbekräftigte Tatsache darstellt, indem der Betreffende in seiner entsprechenden Rolle überbetont bestätigt wird.

Die dritte Situation betrifft „psychische Inflation" durch Erkenntnis. Diese ergibt sich aus einer falschen inneren Einstellung zu eigenen Phantasien. Jung zieht an dieser Stelle zur Verdeutlichung einen Vergleich zwischen Schopenhauers „Welt als Wille und Vorstellung" und einem weiteren Beispiel eines Patienten, der die

„Welt als sein Bilderbuch (ansah), in dem er nach Belieben blättern könne"[12].

Zwei verschiedene Anschauungsarten von Welt (eine „gesunde" und eine „kranke", salopp formuliert) werden dabei gegenübergestellt; während Schopenhauer diese (von ihm erlebte Welt) in eine allgemeingültige Sprache übersetzt und damit dem kollektiven Bewusstsein zugänglich macht, verharrt der Patient in seiner eigenen „primitiven" Anschauung und entfremdet sich dadurch von der Welt, weil er sie nicht der Allgemeinheit nahe bringt, sondern sich von ihr bemächtigen lässt.

Auch in der vierten Situation, die sich auf der zweiten Ebene zwischen Individual- und Kollektivpsyche abspielt, zeigt sich „psychische Inflation".

Das entsprechende Beispiel ist mir persönlich etwas unklar, aber das Fazit ist, dass die Anziehungskraft eines kollektiven Bildes eine so tiefgreifende Wirkung auf eine Persönlichkeit haben kann, dass diese sich darin auflöst, darin verloren geht.

„Diese Auflösung ist eine Geisteskrankheit, entweder vorübergehender oder dauernder Natur, eine „Seelenspaltung" oder „Schizophrenie". Die krankhafte Inflation beruht natürlich auf einer meist angeborenen Schwäche der Person gegenüber der Autonomie kollektiv-unbewusster Inhalte"[13].

Jung zieht an dieser Stelle, ähnlich wie am Ende des ersten Kapitels, den Schluss, dass sich unter der Voraussetzung einer

„universale(n) Ähnlichkeit der Gehirne eine universale Möglichkeit einer gleichgearteten Geistesfunktion (ergibt). Diese Funktion ist die Kollektivpsyche. Insofern es der Rasse, dem Stamm oder gar der Familie entsprechende Differenzierungen gibt, so gibt es auch eine auf Rasse, Stamm oder Familie eingeschränkte Kollektivpsyche über das Niveau der „universalen" Kollektivpsyche hinaus"[14].

Somit wird allmählich das sehr differenzierte Konzept Jungs vom Bewussten/ Unbewussten klarer. Während das individuelle Bewusstsein und das persönliche Unbewusste sich ontogenetisch, also der eigenen Lebensgeschichte entsprechend entwickelt haben, ist das kollektive Unbewusste phylogenetischen Ursprungs und dient als Basis, um in einer individuellen Struktur wiedergeboren zu werden.

---

[12] Jung, Carl Gustav: *Gesammelte Werke Band VII*; a. a. O.; S. 157
[13] ebd.; S. 160
[14] ebd.; S. 161

Eine Gefahr, die von der Kenntnis des kollektiven Unbewussten, sofern sie im Ich bewusst wird, ausgeht, ist, dass sich die Persönlichkeit, in ihre Gegensatzpaare auflösen kann. – An dieser Stelle wird auf das Konzept der psychischen Inflation aufgebaut; während die psychische Inflation eine Folge der Assimilation des kollektiven Unbewussten darstellt, wird im weiteren erklärt, inwiefern das persönliche Bewusstsein mit diesem Umstand umgeht –. Das Gegensatzpaar, das als ein erstes Beispiel psychischer Inflation beschrieben wurde (Größenwahn – Minderwertigkeitsgefühl), liefert eine Möglichkeit, die Auflösung der Persönlichkeit zu erläutern. Dieses Gegensatzpaar ist in erster Linie eine Erscheinung der Kollektivpsyche, jedoch identifiziert sich der Mensch in mehr oder minder großem Ausmaße mit einem Teil dieses Gegensatzpaares, was in letzter Konsequenz zur Auflösung der Persönlichkeit führt. Durch diese Identifikation – der Jung die Individuation entgegenstellt – kommt es zur Ausbildung einer „Persona".

„Durch seine mehr oder weniger vollständige Identifikation mit der jeweiligen Einstellung täuscht er (der Mensch; Anm. d. Verf.) *mindestens die andern, oft auch sich selbst, über seinen wirklichen Charakter; er nimmt eine Maske vor, von der er weiß, dass sie einerseits seinen Absichten, anderseits den Ansprüchen und Meinungen seiner Umgebung entspricht, wobei bald das eine, bald das andere Moment überwiegt. Diese Maske, nämlich die ad hoc vorgenommene Einstellung, nenne ich Persona"*[15].

Damit stellt die Persona den Vermittler zwischen Ich und Umwelt (äußerer Welt) dar; dieser stellt Jung ein Konzept gegenüber, welches zwischen Ich und innerer Welt vermittelt und durch die Begriffe Anima/ Animus repräsentiert wird – doch dies nur als Randbemerkung, um die Ganzheit des Jungschen Systems zu verdeutlichen und zu vervollständigen. Doch der für das Individuum scheinbar negative Charakter der Persona erweist sich bei genauerer Betrachtung als für die Gesellschaft lebenserhaltend. Von daher wird die Persona auch als ein „sozialer Archetyp" angesehen,

„da zu ihr alle Kompromisse gehören, die dem Leben der Gemeinschaft eigen sind"[16].

Jung erklärt dies am Beispiel der Primitiven. Ursprünglich sei die Psyche des Primitiven kollektiv und daher unbewusst. Derjenige aber, der in der persönlichen Entwicklung seiner Psyche die Gegensatzpaare des kollektiven Unbewussten erkennt, hebt sich aus der Masse heraus. Er entscheidet sich für einen Teil und muss den anderen verdrängen; damit geht eine Persönlichkeitsentwicklung einher und diese findet in seinem Stamm Bestätigung, indem er ein gewisses Prestige erlangt (z. B. als Medizinmann/ Staatsmann (Häuptling)). Prestige beruht auf Gegenseitigkeit. Ein Individuum will Prestige und eine entsprechende Gesellschaft

---

[15] Jung, Carl Gustav: *Gesammelte Werke Band VI*; Walter-Verlag; Olten und Freiburg im Breisgau; 1971; S. 505
[16] Samuels, Andrew: *Wörterbuch Jungscher Psychologie*; a. a. O.; S. 157

liefert ihm die Zustimmung zu diesem Prestige. Insofern ist die Identifizierung des Individuums mit seiner Persona positiv verlaufen. Eine „richtig funktionierende" Persona muss drei Faktoren Rechnung tragen:

„(...) erstens dem Ich-Ideal bzw. dem Wunschbild, das jeder Mensch in sich trägt, und nach welchem er beschaffen sein und vorgehen möchte, zweitens dem allgemeinen Bild, das die jeweilige Umwelt sich von einem ihrem Geschmack und Ideal entsprechenden Menschen macht, und drittens den psychisch und physisch gegebenen Bedingtheiten, die der Verwirklichung des Ich- bzw. Umweltideals ihre Grenzen setzen!"[17].

jung sieht allerdings auch, dass mit der vollständigen Anerkennung des/ eines Prestiges jederzeit wieder dessen Auflösung eintreten kann, was nur dadurch zu verhindern ist, dass das, was zur Entstehung des Prestiges führte, nämlich eine gewisse Kenntnis über ein kollektives Gegensatzpaar – um es einmal auszuformulieren – für das Kollektiv geheim bleibt. Ohne gewisse Geheimnisse (Tabus) wird die Kollektivpsyche und damit ein ganzes Volk dem Untergang anheim fallen. Im Rückbezug auf die Ausgangslage erklärt Jung im weiteren, welche Konsequenzen ein Zusammenfließen von kollektiver und persönlicher Psyche schließlich für ein Individuum, welches in der Analyse Kenntnisse über das Unbewusste erlangte, hat. Es wird, aufgrund eines sich einstellenden Gefühls der Allgemeingültigkeit – womit wieder die Gottähnlichkeit angesprochen wird – versuchen, sein individuell ausgeprägtes Unbewusstes den anderen aufzudrängen (zu projizieren) und damit bewirken, dass das Individuelle bei den anderen ausgelöscht würde. Das Individuelle am oder im Individuum bezeichnet Jung aber als das „notwendige Element der Differenzierung". Da also keiner seine Individualität einem anderen aufzwingen kann, muss er es ins persönliche Unbewusste verdrängen und somit geht das Individuelle verloren.

„Daher ist jeder Einzelne, wenn er in der Sozietät ist, unbewusst ein schlechterer Mensch in gewissem Sinne, als wenn er für sich alleine handelt; denn er ist von der Sozietät getragen und in dem Maße seiner individuellen Verantwortlichkeit enthoben"[18].

Als Resultat dieses zweiten Kapitels folgt, dass die Assimilation des Unbewussten im Individuum zwangsläufig eine vorübergehende Störung hervorruft. Daher mahnt Jung, dass auf die Erhaltung der Individualität des Analysanden in der Analyse Rücksicht genommen werden muss, wenn dieser von den persönlichen Erkenntnissen des kollektiven Unbewussten erfasst wird, was für den Analytiker allerdings schwierig ist, weil dieser nicht die kollektiven von den persönlichen Inhalten unterscheiden kann. Ziel muss es sein, dass das Individuum die

---

[17] Jacobi, Jolande: Die Psychologie von C. G. Jung; a. a. O.; S. 36
[18] Jung, Carl Gustav: Gesammelte Werke Band VII; a. a. O.; S. 167

Kenntnisse aus dem kollektiven Unbewussten richtig in sein Ich integriert, womit der Weg zur Selbstwerdung (Individuation) geebnet ist.

IV.   Drittes Kapitel: „Die Persona als ein Ausschnitt aus der Kollektivpsyche"

Im dritten Kapitel wird der Begriff der Persona noch einmal aufgegriffen und in seiner Bedeutung für das Individuum dargestellt. So wie das kollektive Unbewusste seinen Ursprung außerhalb des Individuums hat, aber als Basis für die Ausgestaltung einer individuellen psychischen Struktur fungiert, hat auch die Persona ihre Hauptfunktion in der Konfrontation des Ich mit der Außenwelt, dient aber zugleich im positiven Sinne der Ausbildung einer Persönlichkeit. Diese Ausbildung einer bewussten Persönlichkeit steht in enger Beziehung zum Prozess der Individuation und richtet sich nach innen auf das Selbst.

Insofern die Persona sich nur nach dem Außen richtet, stellt sie eine Maske dar, die sich an der Kollektivpsyche orientiert. Ein Mensch, der eine solche Persona entwickelt besitzt mehrere, immer der Situation angepasste Charaktere, in Wirklichkeit hat er gar keinen Charakter, er täuscht nur eine eigene Individualität vor. Eine Persona, die sich an inneren Strebungen orientiert, ist mit sich und der Umwelt im Einklang. Ein solcher Mensch ist auf dem Weg, eine eigene, am Selbst orientierte Individualität zu entwickeln. Für die Aufgabe der Analyse bedeutet dies, dass diese dem Individuum zuerst das persönliche Unbewusste bewusst machen muss, was im Beispiel des im ersten Kapitel geschilderten Falles – mit der Philosophie-Studentin – dadurch deutlich wurde, dass der Arzt (Jung) aufgrund der Analyse der Träume die Funktion einer überpersönlichen Gottesfigur für die Patientin einnahm, was zugleich einem kollektiv unbewussten Archetyp entsprach. Somit fielen Individualität und Kollektivpsyche zusammen. Die Patientin löste sich aus der Übertragungssituation und überwand damit den Konflikt (Vaterkomplex).

„Sie kam zu sich selbst und zu ihren eigenen, wirklichen Möglichkeiten"[19].

Jung hebt hervor, dass dieser Prozess unvermeidlich sei, um eine Neurose zu überwinden. Er spricht allgemein von einer Gleichgewichtsstörung der Psyche, die es zu überwinden gilt.

„Will man eine Neurose oder eine allgemeine Gleichgewichtsstörung der Persönlichkeit beheben, so muss der Weg der Aktivierung, Erschließung und Assimilierung bestimmter Inhalte des Unbewussten an das Bewusstsein beschritten werden. Denn in dem Maße, in dem wir verdrängen und unser Gleichgewicht ins Wanken kommt, steigt mit wachsenden Jahren die Gefährlichkeit des Unbewussten"[20].

Entscheidend ist die Wechselwirkung zwischen Bewusstsein und Unbewusstem. Die Energie, die im Bewusstsein sitzt und sich zunächst mit Willensanstrengungen bemüht, der Neurose Herr zu werden, muss schließlich den Weg ins Unbewusste antreten, wodurch ein Ausgleich

---

[19] ebd.; S. 175
[20] Jacobi, Jolande: *Die Psychologie von C. G. Jung*; a. a. O.; S. 107

geschaffen wird, der einen Sinneswandel mit sich bringt. Dieser Sinneswandel zeigt wiederum, dass das Bewusstsein die vom Unbewussten produzierten Inhalte angenommen hat.

Jung betrachtet

„daher den Gleichgewichtsverlust als etwas Zweckmäßiges, denn er ersetzt das versagende Bewusstsein durch die automatische und instinktive Tätigkeit des Unbewussten (...)" [21].

---

[21] Jung, Carl Gustav: *Gesammelte Werke Band VII*; a. a. O.; S. 178

V.   Viertes Kapitel: „Die Versuche zur Befreiung der Individualität aus der Kollektivpsyche"

Das vierte Kapitel, das in zwei Abschnitte unterteilt ist, baut auf dem vorhergehenden Kapitel auf. In ihm wird die Frage gestellt, wie das Individuum darauf reagiere, wenn die unbewussten Inhalte ins Bewusstsein vordringen. Wird es von diesen Inhalten überwältigt? Oder wird es sie bloß glauben? Oder wird es sie ablehnen?

Wenn diese drei Fragen mit „Ja" beantwortet würden, bedeutete dies im ersten Fall die Entstehung einer Paranoia oder Schizophrenie, im zweiten die Entstehung eines prophetenhaften Sonderlings oder infantilen Menschen, der aus dem menschlichen Kulturkreis ausfällt und der dritte Fall wird in diesem Abschnitt erklärt, in dem es sich um „die regressive Wiederherstellung der Persona" handelt. Dabei sind eine positiv und eine negativ zu bewertende regressive Wiederherstellung der Persona zu unterscheiden. Zunächst einmal ist dieses „Phänomen" die Folge der Bewältigung einer Lebenskrise. Eine Lebenskrise kann entweder unbewusst überwunden werden oder wenn sich jemand der tieferen Hintergründe dieser bewusst ist, lässt er sich von ihr erschüttern und fällt auf eine frühere persönliche Entwicklungsstufe zurück. Insofern er die Lebenskrise einem seiner Persönlichkeit nicht entsprechenden Verhalten (Jung nennt z. B. Aufgeblasenheit) zu „verdanken" hat und er folglich

„mit der Verkleinerung seiner Persönlichkeit auf das für ihn erfüllbare Maß zurück(-kehrt)"[22],
ist diese regressive Wiederherstellung der Persona positiv zu deuten. Wenn sich jemand dagegen von einer Lebenskrise auf eine frühere Entfaltungsstufe seiner Persönlichkeit zurückfallen lässt, die unter dem Niveau seines eigentlichen Könnens liegt und somit eben nicht seiner Persönlichkeit entspricht, ist die regressive Wiederherstellung der Persona negativ verlaufen. Jung greift an der Stelle noch einmal sein erstes Beispiel von der Philosophie-Studentin auf um zu zeigen, dass die regressive Wiederherstellung der Persona die letzte Konsequenz zur Überwindung der Übertragungssituation war; die Patientin konnte über den Konflikt/ die Neurose nicht unbewusst hinweggleiten und daher kam es zu dieser „natürlichen Lösung", die Jung als Selbstregulierung versteht und als eine Erweiterung der Theorien ansieht, die Freud und Adler in solchen Fällen in ihrer Analyse anwenden, wobei Freud eine Übertragung auf den infantil-sexuellen Anspruch des Patienten zurückführt,

„der anstelle der vernünftigen Anwendung der Sexualität stehe"[23]
und Adler die Übertragung als

---

[22] ebd.; S. 185
[23] ebd.; S. 181

„infantile Machtabsicht und als „Sicherungstendenz" erklärt"[24].

Doch nicht in jedem Fall lieferten diese Theorien eine endgültige Erklärung für den Patienten. Jungs Patientin musste erst einmal ihren eigenen Infantilismus einsehen und daraufhin die Integrität ihrer Persönlichkeit herstellen. Die allgemeine Ableitung daraus ist für Jung, dass ein Patient

„vor den Konflikt zurückkehren (wird) und, so gut es eben geht, regressiv seine verschüttete Persona wieder herstellt, abzüglich jener Hoffnungen und Erwartungen, die einmal in der Übertragung aufgeblüht waren. Damit wird er kleiner, eingeschränkter und rationalistischer sein als zuvor"[25].

Soweit dieser Effekt nun einen positiven Charakter hat – wie weiter oben geschildert –, zieht Jung dies als eine erste Lebensmöglichkeit in Betracht; im zweiten Abschnitt des vierten Kapitels nennt er „die Identifikation mit der Kollektivpsyche" als eine zweite Lebensmöglichkeit. Dabei sind wiederum zwei Typen zu unterscheiden:

Den ersten bezeichnet er als „Propheten", den zweiten als „Jünger". Beide bewirken durch die Identifikation mit der Kollektivpsyche eine Auflösung ihrer Persona. Sie erinnern an die beiden „Typen", die im zweiten Kapitel mit „Gottähnlichkeit im Handeln" und „Gottähnlichkeit im Leiden" beschrieben wurden. Ersterer (der Prophet) glaubt nämlich, im Besitz **der** großen Wahrheit zu sein, obwohl ihm ein schwacher Geist nachgesagt wird, der aufgrund seines Ehrgeizes und einer gewissen Eitelkeit einen abgemilderten Größenwahn entwickelt. Letzterer (der Jünger) gibt sich in die Hände eines Meisters (Propheten), um von ihm die Wahrheit zu empfangen, wobei die Jünger diejenigen sind,

„welche sich hinter einer anscheinend bescheidenen Persona verkrochen haben, die, durch eine Identifikation mit der Kollektivpsyche aufgeblasen, plötzlich auf der Bildfläche der Welt erscheinen (...) (und) wie der Prophet ein Urbild der Kollektivpsyche ist, so ist auch der Jünger des Propheten ein Urbild.
In beiden Fällen tritt Inflation durch das kollektive Unbewusste ein und die Selbständigkeit der Individualität leidet Schaden"[26].

---

[24] ebd.; S. 181
[25] ebd.; S. 182
[26] ebd.; S. 188

VI. Verwendete Literatur

1. Jacobi, Jolande: *Die Psychologie von C. G. Jung*; Fischer Taschenbuchverlag; Frankfurt/M.; 1978

2. Jung, Carl Gustav: *Gesammelte Werke Band VI*; Walter-Verlag; Olten und Freiburg im Breisgau; 1971

3. Jung, Carl Gustav: *Gesammelte Werke Band VII*; Walter-Verlag; Olten und Freiburg im Breisgau; 2. Auflage 1974

4. Jung, Carl Gustav: *Archetypen*; DTV; 6. Auflage April 1996

5. Lutz, Bernd (Hrsg.): *Metzler Philosophen-Lexikon*; Verlag J. B. Metzler; Stuttgart/ Weimar; 2. Auflage 1995

6. Samuels, Andrew: *Wörterbuch Jungscher Psychologie*; DTV; April 1991